Reinhard Abeln

Freude über jede Stunde

Ein Gruß zum Geburtstag

Agentur des Rauhen Hauses Hamburg

Geschaffen zu unserer Freude

Der Mönch und Schriftsteller Thomas Merton schreibt: „Die Natur ist den Menschen gegeben worden als ein klares Fenster, durch das Gottes Licht in die Menschenseele einfallen kann."
Blumen, Sträucher und Bäume, das Gezwitscher der Vögel, das Antlitz eines Kindes und das schmackhafte Brot – all das ist geschaffen zu unserer Freude. Mit Dankbarkeit sollten wir Gottes wunderbare Welt täglich sehen.
Wer freilich einen Vorhang vor das Fenster zieht, sieht nichts. Wer selbst finster ist, der verfinstert Gottes schöne Welt. Es ist kaum zu glauben, was die Dankbarkeit aus einem Menschen machen kann! „Kein Mensch", sagt Peter Rosegger, „hat mir so viel Freude gemacht wie die Natur mit ihren Farben."

Gebet

Herr, unser Gott, du bist ein Gott der Freude.
Du hast deinen Sohn gesandt,
damit die Freude in uns vollkommen sei.
So bitten wir dich:
dass wir einander das Gute weitersagen,
dass wir die Ehre des anderen achten,
dass wir einander gelten lassen,
dass wir ein schiefes Wort nicht
als Ablehnung auffassen,
dass wir immer wieder fragen:
Was tut dem anderen weh,
was macht dem anderen Freude?,
dass wir einander nichts nachtragen,
dass wir einen Fehler ehrlich eingestehen,
dass wir uns füreinander Zeit nehmen,
dass wir uns in der Gelassenheit einüben,
dass wir niemals vergessen, dass wir
unser Tun vor dir verantworten müssen,
dass wir für alles dankbar sind.
Amen.

Honig wohnt in jeder Blume,
Freude an jedem Ort,
man muss sie – wie die Biene –
nur zu finden wissen.

Heinrich von Kleist

Freude

Freue dich nur mit mir!
Es ist so traurig, sich allein zu freuen.

Gotthold E. Lessing

Freude wird jedes Mal dein Abendbrot sein,
wenn du den Tag nützlich zugebracht hast.

Thomas von Kempen

Es gibt Menschen, welche die Gabe haben,
überall Freude zu finden
und sie zurückzulassen, wenn sie gehen.

Petrus Faber

Freut euch wie die Kinder

Die Kinder machen uns vor, wie man sich freuen kann: Sie jauchzen über die Blume, das Tier, das Spielzeug; froh erfahren sie ihren wendigen Leib und ihren erwachenden Geist; sie sehnen inbrünstig das nahende Fest herbei, und sie freuen sich auf die Zeit, wenn sie groß sein werden. Sie gehen auf im Augenblick und schauen zugleich voll Erwartung in die Zukunft.

Jesus hat Kinder in die Mitte der Erwachsenen gestellt und gesagt: „Wenn ihr nicht umkehrt und werdet wie die Kinder, so werdet ihr nicht ins Himmelreich kommen“ (Matthäus 18,3). Kinder brauchen keine klingenden Titel, keinen Besitz und keine Macht. Sie sind mächtig durch sich selbst, sind ein eindrucksvolles Zeichen Gottes. Kinder sind – laut Peter Rosegger – ein Buch, in dem wir Erwachsenen lesen können. Sie beschenken uns mit ihrer Freude.

Freude im Alter

Gott gibt auch dem alternden Herzen Freude.
Wer das begreift,
wird das Leben nie abschreiben,
und jeder Morgen ist ihm wie ein neuer Anfang.

Christoph Martin Wieland

Der frohste Mensch

Achtzig Jahre alt war der Mann, ging am Stock und sah nicht mehr gut. Auf die Frage, wie es ihm gehe, antwortete er: „Ich bin der frohste Mensch, den es gibt. Mich kritisiert keiner. Ich kann essen, was und wie viel ich will, Magenbeschwerden kenne ich nicht. Mir geht´s prima!"

Als der Mann merkte, dass sein Gegenüber nicht so ganz von seinem Wohlbefinden überzeugt war, wiederholte er: „Ich fühle mich in der Tat sehr glücklich und zufrieden. Trotz meiner Jahre freue ich mich an jedem Tag. Ich finde es schön, lange leben zu dürfen, und ich bin dankbar dafür, dass Gott mir so viele Jahre geschenkt hat."

Warum fällt es uns eigentlich so schwer, froh und dankbar zu sein? Warum geben wir so selten zu, dass wir eigentlich die glücklichsten Menschen auf dieser Erde sein müssten?

Ein Lächeln

Es war nur ein sonniges Lächeln,
es war nur ein freundliches Wort,
doch scheuchte es lastende Wolken
und schwere Gedanken fort.

Es war nur ein warmes Grüßen,
der tröstende Druck einer Hand,
doch schien's wie die leuchtende Brücke,
die Himmel und Erde verband.

Ein Lächeln kann Schmerzen lindern,
ein Wort kann von Sorgen befrei'n,
ein Händedruck Sünde verhindern
und Liebe und Glaube erneu'n.

Es kostet dich wenig, zu geben
Wort, Lächeln und helfende Hand,
doch arm und kalt ist dein Leben,
wenn keiner solch Trösten empfand.

Überliefert

Freu dich

Freu dich über jede Stunde,
die du lebst auf dieser Welt.
Freu dich, dass die Sonne aufgeht
und auch, dass der Regen fällt.

Freu dich an jedem Morgen,
dass ein neuer Tag beginnt.
Freu dich an den Frühlingsblumen
und am kalten Winterwind.

Freu dich an jedem Abend,
dass du ein Zuhause hast.
Freu dich an den schönen Stunden
und vergiss die laute Hast!

Unbekannt

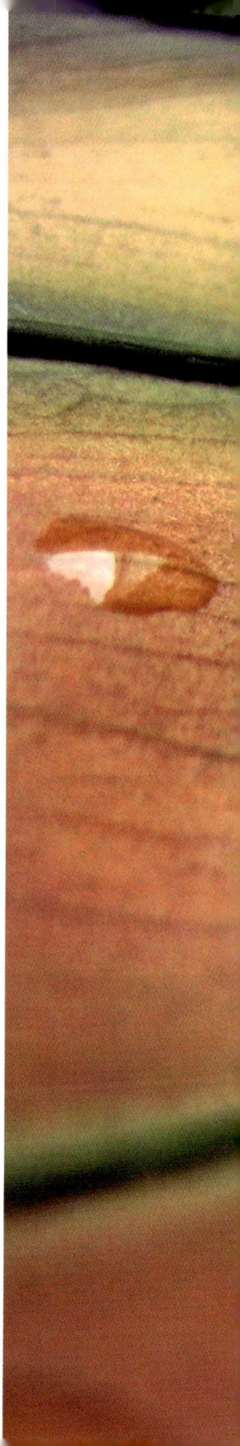

Das ist meine Freude,
dass ich mich zu Gott halte
und meine Zuversicht setze
auf Gott, den Herrn.
Psalm 73,28

Lob eines fröhlichen Herzens

Gib dich nicht der Traurigkeit hin,
und plage dich nicht selbst
mit deinen eignen Gedanken.

Denn ein fröhliches Herz ist des Menschen Leben,
und seine Freude verlängert sein Leben.

Ermuntere dich und tröste dein Herz,
und vertreibe die Traurigkeit von dir.

Denn die Traurigkeit tötet viele Leute
und dient doch zu nichts.

Eifer und Zorn verkürzen das Leben,
und Sorge macht alt vor der Zeit.

Sirach 30,22–26

Rezept eines alten Herrn

Wenn ich unzufrieden bin,
hole ich mir mein Kummerbuch hervor
und schreibe alles auf,
wofür ich Gott und meinen Nächsten
zu danken habe.
Was meinen Sie, wie schnell
ich wieder froh in die Welt schaue!

Freude ist überall

Nicht der Zwang, sondern die Freude
ist der endgültige Appell an den Menschen.
Und die Freude ist überall:
Sie ist im grünen Gras der Erde
und im heiteren Blau des Himmels,
in der sorglosen Üppigkeit des Frühlings
und in der strengen Enthaltsamkeit
des grauen Winters,
in den pulsierenden Adern unseres Körpers,
in der aufrechten Haltung
der menschlichen Gestalt,
in allen Funktionen des Lebens.

Rabindranath Tagore

Nur der Mensch kann lachen

Eine Weisheit sagt: „Jede Minute, die man lacht, verlängert das Leben um eine Stunde." Dieses schöne Wort ist des Nachdenkens wert. Jeder von uns möchte doch gern alt werden. Aber wissen wir auch, wie sehr uns das Lachen dabei helfen kann?
Lachen ist gesund, denn es hilft über manches im Leben hinweg. Ein Sprichwort aus Angola sagt es trefflich: „Lachen reinigt nicht nur die Zähne, es säubert auch die Runzeln vom Staub."
Im Übrigen: Nur der Mensch kann lachen. Tiere lachen nicht. Hunde bellen vor Freude, Katzen schnurren, wenn man sie streichelt, aber sie lachen nicht. Das Lachen stammt aus einer Einstellung, zu der das Tier nicht fähig ist.
Von einem Menschen, der nie lacht, der keinen Humor hat, der nie heiter ist, sagt der Volksmund,

er sei „tierisch ernst“. Das bedeutet, er regt sich wegen jeder Kleinigkeit auf und macht sich dadurch lächerlich. Er ist nicht imstande, über den Tellerrand seines Ichs hinauszublicken.

Fünf kleine Worte

Fünf kleine Worte sind es, die das Zusammenleben mit den Menschen, denen wir täglich begegnen, schöner machen können: „Guten Morgen“, „Ja, gerne“, „Es tut mir leid“, „Bitte“ und „Danke“.

Der Gruß „Guten Morgen“ steht für die Freundlichkeit, die wir den ganzen Tag über zeigen können. „Ja, gerne“ meint die Bereitschaft, überall dort, wo irgendjemand uns braucht, zu helfen. Dazu gibt es eine Menge von Gelegenheiten, jeden Tag.

Der kleine Satz „Es tut mir leid“ steht für die Verzeihung. Er will sagen, dass wir die Möglichkeit haben, um Verzeihung zu bitten, anderen zu vergeben und Fehler wieder gutzumachen.

Das Wort „Bitte" besagt, dass wir andere Menschen brauchen, dass wir ohne sie gar nicht leben können.

Das kleine Wort „Danke" schließlich meint: Es gibt so viele Gelegenheiten, den ganzen Tag über zu danken. Dankbarkeit ist ein Ausdruck der Liebe zwischen den Menschen.

Nun danket alle Gott

Der ewigreiche Gott
woll uns bei unserm Leben
ein immer fröhlich Herz
und edlen Frieden geben
und uns in seiner Gnad
erhalten fort und fort
und uns aus aller Not
erlösen hier und dort.

Lob, Ehr und Preis sei Gott
dem Vater und dem Sohne
und Gott dem Heilgen Geist
im höchsten Himmelsthrone,
ihm, dem dreiein'gen Gott,
wie es im Anfang war
und ist und bleiben wird
so jetzt und immerdar.

EG 321; Text und Melodie:
Martin Rinckart (um 1630)

Gott ist Freude

Gott ist Freude, darum hat er
die Sonne vor sein Haus gestellt.
Franz von Assisi

Wer nicht weiß noch glaubt,
dass Gott ein Gott der Freude, des Friedens,
des Trostes, der Hoffnung, des Heils, des Lebens
und alles Guten ist, der kennt Gott nicht.
Martin Luther

Der Glaube an Gott macht mein Herz froh
und mein Angesicht fröhlich.
Katharina Elisabeth Goethe

Wenn ich an Gott denke,
ist mein Herz so voll Freude,
dass mir die Noten von der Spule laufen.
Joseph Haydn

CHAOSKITES

Gebet

Herr, ich habe Geburtstag.
Nicht die Geschenke,
Blumen und Glückwünsche
sind das Wichtigste am heutigen Tag.
Viel wichtiger ist, dass ich dir danke!
Dass ich diesen Tag erreichen durfte,
ist nicht mein Verdienst,
sondern dein Geschenk.
Herr, ich weiß nicht, wohin du mich
im neuen Lebensjahr führen wirst;
ich weiß nur, dass du mich führst,
und das ist das Entscheidende.
Ich will dir weiter grenzenlos vertrauen,
mich fallen lassen – im Bewusstsein,
dass du mich nicht fallen lässt.
Bitte hilf mir dabei.
Amen.

Der Autor

Reinhard Abeln, Dr. phil., geb. 1938, Redakteur i. R. in Stuttgart, Referent in der Erwachsenenbildung, zahlreiche Bücher über Lebens-, Ehe-, Familien- und Erziehungsfragen.

Textnachweis

Die Bibelzitate sind entnommen aus: Lutherbibel, revidierter Text 1984, durchgesehene Ausgabe in neuer Rechtschreibung, © 1999 Deutsche Bibelgesellschaft, Stuttgart.

Wir haben uns bemüht, alle Zitate zu verifizieren und mit einem Quellennachweis zu belegen. Dies ist uns in einigen Fällen nicht gelungen. Wir bitten die Autoren oder Verlage dieser Textstellen, mit uns Verbindung aufzunehmen.

Bildnachweis

Seite 1:	Wilfried Wirth
Seite 3:	Simone Sander
Seite 5:	Oswald Eckstein
Seite 9:	Peter Santor
Seite 16/17:	Wolfgang Diederich
Seite 21:	Erich Tomm
Seite 27:	Volker Rauch
Seite 29:	Wolfgang Diederich
Alle übrigen Fotos:	© DigitalStock

www.agentur-rauhes-haus.de

Satz und Litho: DTP Team Rau GmbH, Hannover
Druck: L.E.G.O., Vicenza, Italien

ISBN 978-3-7600-1559-0
Best.-Nr. 1 1559-0